Chant
de ruines

Du même auteur

À la limite du désert, Les Chemins de Traverse, 2001

L'amour domine la solitude, Les Éditions du Net, 2013

Du sentiment à perdre, Éditions BoD, 2014

Un blog notes :
http://cdicollegenovalaise.over-blog.com

© Pascal Verbaere, 2015

Pascal Verbaere

Chant
de ruines

BoD

*« L'amour est une plante de printemps
qui parfume tout de son espoir,
même les ruines où il s'accroche. »*

Gustave Flaubert, *Correspondance
à Louise Colet*, 1846.

*« Un soupir douloureux s'achève
Dans les plis du rideau le jour se lève »*.

Pierre Reverdy, *Étoile filante*, 1918.

Inversion des pôles *

     Un homme moderne, muni d'une tablette sans foi ni loi, débarque sur le territoire du peuple *inuit*.

     Il s'imagine, dans son tort intérieur, que ces êtres pétris de *zénitude* trouveront un *grigri* au premier clic du *wiki*, que le dernier des derniers lui a ordonné de marchander parmi tant d'autres applications *kitsch*.

     Tournant l'igloo à l'ombre de midi, la tribu reprend le *bravo* de sa *kermesse* ; et, au coin de la banquise, un loup qui hurle à l'aurore mise sur la *sérendipité* pour allumer le feu.

     Le regard éteint, l'homme des temps modernes sait maintenant qu'il n'a plus que sa décadence à *cibler*.

     Impossible ici de faire l'*amalgame* entre la soif d'avoir et la source de l'âme.

Pivot

Plus froide que le farou, la nouvelle d'une disparition s'est abattue sur le collège de l'Épine.

Thomas ne pourra plus apprendre le haut du panier aux jeunes qui s'emmêlent encore les rebonds, mais ses passes de grand frère resteront sur le parquet de Novalaise comme autant d'empreintes de lumière.

Lancer une gamine, un gamin dans un cinq majeur relevait toujours avec lui de la franchise ; ce mardi matin, beaucoup s'en sont souvenus et leurs larmes ont transformé l'infirmerie en église.

Ils seront tout aussi nombreux demain à vouloir jeter le premier ballon et ce souffle brûlant finira bien par transpercer les nuages.

Avec le temps, la pluie s'en va de moins en moins, mais il appartient encor au cœur de brasser le soleil.

Évolutions

Dans les travées du petit stade de Rosendaël, le bon peuple perd d'autant moins l'appétit de la baraque à frites que les « rouge et noir » (qui n'ont pas tous lu Stendhal) jouent comme des moules.

Il ne se passe rien et l'envoyé spécial de *la Voix du Nord* commence à se demander si la rencontre accouchera d'un papier.

Les quolibets descendent des tribunes alors que l'homme en noir ne décroche toujours pas le sifflet de la mi-temps sous la pleine lune.

Ce quartier perdu dans le grand Dunkerque s'en est pourtant tenu à la coutume des jours avec. Au fil des générations, la vallée des roses a séché l'épine que la mine avait cousue dans les cœurs.

Du cœur à l'ouvrage, ce n'est pas trop demander à Cornil ; toujours d'aplomb dès qu'il s'agit d'en découdre, il laisse aux autres les semelles de plomb et se porte volontaire au poteau de corner.

S'il ne sait pas encore qu'un poste de dessinateur industriel lui tend les mains à l'institut français du pétrole son tir du gauche a déjà de la suite dans les idées.

L'avant-centre le reprend de la tête. Les filets de Lens tremblent comme un marin d'eau douce.

L'équipe locale n'est plus à l'index et il flotte un tel air de fête que l'arbitre lève le pouce.

Cet amour que je ne connais pas

J'ai beau tenir le volant d'une Clio, comme il n'y a pas de Muse à ma droite c'est moi qui occupe la place du mort.

Sur le point de fondre en larmes devant la baie de Châtillon, j'ai le sursaut d'allumer la radio et Dany Brillant, qu'une jolie fille de lycée qualifiait de *« dernier romantique »*, module la fréquence du désert de mon monde avec ces grandes ondes :

> *« Donne-moi*
> *Je t'en prie la vie, donne-moi*
> *Du soleil*
> *Des serments, et des cris de joie*
> *Donne-moi*
> *Si tu peux, la vie, donne-moi*
> *Cet amour*
> *Que je ne connais pas »*.

Babylone

Il n'y a plus de poinçonneur pour faire son trou dans mon ticket de lilas ; tant mieux.

J'ai rendez-vous avec Dalila, au jardin de l'Homme à tête de chou. Elle a les yeux couleur menthe à l'eau d'Aiguebelette et une chute de reins pour aiguiser la chanson du cœur et les gestes.

Je lui donnerai le bras gauche et tous les dévoreurs de chiche-kébab ne perdront pas une miette de ses rondeurs. D'un clin d'œil, ils me qualifieront de nabab en pleine débauche.

Content d'elle, d'eux et de moi, j'oublierai ma croix de Savoie.

Il n'y a plus de poinçonneur pour faire son trou dans mon ticket de lilas ; le bon Dieu serait-il passé par là ?

Session de rattrapage

Hilares comme le bon peuple, nous nous sommes promis de rendre la Justice sous le chêne du palais Bourbon. Il n'était pas question de sonner le bourdon, même si le plus dépité d'entre nous l'entendait de cette oreille.

Pour Ilario, qui est loin d'être insensé lorsqu'il s'agit de ne point ignorer sa propre loi, l'Assemblée nationale ne permet d'exercer son brio qu'à moitié ; de surcroît, on y glande tous en rond, tant l'offre est inadaptée à la demande.

Rien de scientifique à se mettre sous la dent de notre visite ? Ce serait oublier un peu vite le repère d'une Seine vraiment à la hauteur du mur et la bibliothèque où le savoir n'est pas un fruit sec.

Hilares comme le bon peuple, nous avons troqué la sentence contre une sacrée pitance.

Vamp de chevet

Entre les joies du sexe et les chagrins d'amour, le cœur et les choses de la vie balancent toujours.

Mais je me suis fait un tison de tous les pleurs du poète et échangé fatalement un parapluie avec un parasol.

Sur le sable de nuit, Carla est si blonde que le soleil n'aura plus besoin de se lever dans quelques rondes.

Elle a des seins à faire damner le saint que je n'ai jamais eu la chasteté d'être et des fesses si douces qu'elle conduit le chariot des grandes secousses.

Quel plaisir émouvant de se sentir vivant !

Séduction

Ce n'est pas la première fois qu'elle me croise dans le quartier où je me crois perdu.

Et le regard qu'elle me lance n'a aucune ressemblance avec l'ardoise des lacunes.

Non, je n'ai pas la berlue, il peut suffire d'une jolie minette qui tient son chien en laisse pour vouloir vivre une seconde jeunesse.

Oryx et péril

Un sentiment à perdre vient tout juste de gagner le rond-point des Champs-Élysées. Le poinçonneur s'appelle BoD, Books on Demand pour les intimes, et l'algazelle qui ne suit pas le couloir se félicite de ce trou fait dans mon ticket.

Sur le réseau où Olivia fait face aux boucs de toute sorte, voici même qu'elle me « *souhaite beaucoup de succès* ».

Sa connexion nous vient d'Afrique du Sud et quelques photos de girafes ou de zèbres témoignent d'une nouvelle béatitude qui m'éloigne.

Mon Dieu, crevez-moi les yeux !

Tout mal considéré

Publier une voix qui ne regarde que soi peut revenir au pire de la littérature (si j'en crois les tenants des poèmes qui veulent conserver l'anonymat propre au roman), mais existe-t-il pour moi un autre meilleur en écriture ?

J'ai beau savoir toute l'inutilité de mon cœur à l'écran d'une liseuse de bonne aventure, je ne renie aucune des poésies intimes que la vie (rend) infirme(s).

Il est enviable de faire tapisserie au bal masqué.

Vera

Par un soleil à balayer la trêve du rayon de ma bicyclette, j'ai pris soin à l'oratoire du col de Saint-Saturnin d'interroger la Vierge :

« Ô Marie, ma fiancée Gabrielle est-elle heureuse au Ciel ? »

Revenu sur chair au Tremblay, je me suis trouvé guidon à guidon avec une jolie blonde en blouson de cuir.

Comme à Coluche sorti d'un grand sommeil par Agnès Soral, le temps m'a murmuré *« tchao pantin »* et je n'ai pas pipé mot face à la douceur de l'écho :

« Cinquante euros l'amour. »

Une sacrée calotte

Lors de sa visite éclair à Strasbourg, le bon pape François a dit que l'Europe ressemblait à une grand-mère à bout de souffle et que la vocation de la Méditerranée n'était pas de jeter l'ancre d'un cimetière dans le cœur des émigrés.

Nous ne sommes pas loin d'être d'accord avec lui, qu'il s'agisse de la monnaie de singe que la politique accepte de la finance ou de l'aller simple dénoncé en poésie par Erri De Luca : « *Nous ne mettons pas les morts à la mer, ils servent pour la nuit ; leurs corps préservent du froid* ».

Les dirigeants qui voudront bien être en chaud avec cette sainte lecture de l'histoire européenne pourront allumer le feu que l'originalité et l'intelligence des peuples appellent de leurs vœux.

La joue gauche

Une légion de femmes célibataires m'a reproché à la Sainte-Catherine de ne pas travailler du chapeau.

Le cœur bien rentré dans sa coquille, je leur ai répondu que je n'entendais plus guère participer à cette course.

La plus sceptique d'entre elles a refusé de se résoudre à ce déclin d'œil et m'a tendu sa fossette droite, comme s'il valait mieux pour moi d'être tortue mariée que lièvre débauché.

Habitué à courir plusieurs lèvres à la fois, j'ai esquivé cette tentative d'avoir le pompon et, un béret solidement vissé sur la tête, j'ai repris les frasques du vieux garçon qui ne veut pas d'un charme pendu à ses basques.

Dans la moins stricte intimité

Au fond de la cabane, j'ai prêté l'oreille à la manne du vent : « *Ne donne pas ton cœur à une femme, elle le jetterait aux orties.* »

Tu voudras bien m'excuser, souffle endurci, mais je ne t'ai pas entendu pour le faire et, comme je me connais, la vie prépare déjà le prochain bouquet.

Pas d'artifice en vue, l'amour que j'ai de l'amour restera un fils perdu ; il n'appartiendra jamais à ce sentiment de devenir père, si ce n'est dans un monastère.

Tromper la mort, me diras-tu, cela relève du corps et je ne t'opposerai aucun tison. Si je me donne sans âme à une fille, je suis certain d'être bercé à la sortie.

La chair n'est pas triste quand le cœur a oublié sa carte de visite.

L'envoi sur la touche *

La neige a mis sa montre à l'heure des vacances et un professeur va à la rencontre de Noël, sans stresser le moins du monde.

Il a tout loisir d'amarrer sa barque devant la maison du lac ; mine de rien, cela lui suffit pour ouvrir grand les yeux sur le merveilleux.

Au milieu des roseaux, flotte un cœur percé d'une flèche ; à voix haute, le prof qui aime citer ses sources se demande : « *Comment ce cœur est-il arrivé ici ?* »

Aussitôt, le fil de l'eau lui tend : « *C'est à cause du carquois de l'émoi, de l'arc sans triomphe.* »

Bouleversé comme un soldat dégradé sur le chemin des dames, notre documentaliste file ce mauvais coton jusqu'au château du Prince des nuées.

« *Messire! il y a un cœur qui parle entre les cygnes !* »

« *Eh bien, allons boire ses paroles mais, si d'aventure tu as menti, ton cœur entendra la flèche de mon arc.* »

Des bottes de sept lieues pour accélérer le mouvement, le prince et son serviteur arrivent au point nommé.

Le prof, qui peut être un bon élève, demande au cœur : « *Répète à mon maître le chagrin des lettres.* »

Mais le cœur n'indique que le silence et le prince transperce le thorax de l'histoire qui a osé rester mince.

La vie reprend son cours et la poésie sa gueule cassée à la récré de l'amour.

Gilet de secours

Il fait un froid de loup au hameau de l'Écot ; une miss des Pays de Savoie enfile une liseuse pour dévorer plus d'un poème jusqu'à l'aurore.

Elle a besoin du contact avec le papier ; impossible autrement de se rapprocher d'un amant.

Il fait un froid de loup au quartier de Mérande ; un bibliothécaire a téléchargé, pour la semaine qui l'attend au collège, des œuvres libres de droit et l'écran plat lui renvoie une page sans bras.

Une liseuse est décidément à la lecture ce qu'une poupée gonflable est à la chose.

Le voilà beau !

Ce vendredi, Pascal Crusoé est rentré tard, mais il n'a pas oublié de relever le courrier.

Et cela tombe bien, dans la boîte qui n'affranchit pas son cœur de l'île aux chagrins, une enveloppe exhume un tout autre parfum :

« Depuis deux mois qu'on se connaît, je suis tombée follement amoureuse. Vous avez beaucoup de qualités qu'une femme aime et aimer c'est humain.

Ne pensez surtout pas que je joue avec les sentiments, parce que je suis un petit peu plus jeune que vous. J'aimerais vous connaître davantage, si vous êtes d'accord évidemment.

J'aimerais que ça reste entre nous ; je suis encore mariée et ça ne marche pas depuis quelque temps.

Prenez bien soin de vous.

Ana Paola. »

L'émoi maudit

Le soleil lancé à l'amer ne saurait connaître un rayon d'indifférence, mais la roue de l'infortune ferait peut-être mieux de voiler ce rendez-vous d'un seul croissant de lune.

Le quartier du lundi matin en a apporté la confirmation hurlante : un homme portugais a mis la main sur le téléphone portable d'une femme qui ne veut plus être sa femme et a trouvé quelques messages pour l'empêcher de devenir sage. ..

Quelle minceur d'intelligence dans cette grosseur de souffrance !

C'en est assez pour condamner le poète aux oubliettes ; impossible de faire la noce à l'ombre du divorce.

Tambour de crabe

C'est bien, je n'ai jamais été aussi triste, et la grande surface du coin fait tout pour que la fête ne soit pas en tête de ma liste.

Je fais la queue comme tout le monde au rayon poissonnerie et je deviens belliqueux sur l'onde où personne ne se sourit.

Rien n'éclipse le besoin d'apocalypse.

Résolution

Place de l'Étoile, les bulles de champagne voilent pour cent ans la tombe du soldat inconnu.

La paix du monde, chacun en prend pour son compte et tous espèrent que cette campagne qui s'annonce aura le front de sonner les douze coups de midi.

C'en est assez de partager la nuit, les orages et la pluie. L'espèce humaine n'a plus l'âge de dire des messes pour la haine.

La planète est bleue, nom de Dieu !

Alison

Entiché d'une jolie blonde sur un arbre perchée, un vieux gland a fait sauter le bouchon de liège qui le maintenait à la mauvaise température.

Pris avec elle d'une fièvre qui a la poésie sur les lèvres, le bourgeon gentilhomme, décoincé entre la pie et le rossignol, s'est écrié : « *Purgeons tout ce qui peut nous empêcher, mon amour, de croquer la pomme.* »

Le câlin du chêne pour seule condition humaine, quel sacré programme ! Notre branche déracine le blâme.

Deux colonnes à la Une

Sur la place du palais de justice, Aïcha peut fendre la foule en toute quiétude. Elle veut prendre le micro des mains de Marianne pour dire, s'il en était besoin encore, que sa confession aussi a les yeux mouillés de la Nation.

Réfugié auprès d'une bougie blonde, je suis heureux de voir que les nombreux visages de Charlie ne voilent pas sa parole.

Ce n'est pas la liberté d'expression qui crée la sensation mais la laïcité. Rien ne tremble quand on sait rire ensemble.

Il y aura bien d'autres rassemblements où nous saurons, comme la police héroïque, protéger les valeurs de la République ; lors, ne m'en voulez pas d'agiter au coin du jour mes propres draps.

J'ai envie de faire l'humour à mon amour.

La trousse et les crayons

Imaginons un peu, beaucoup, mes frères, que l'Éternel existe à la fenêtre sur Terre.

Il ne pourrait alors que prendre sur le prétendu blasphème pour ouvrir ses bras nus à ceux qui continuent de rire sous les draps.

J'aime même à penser l'invitation qu'il pourrait lancer : « *Moïse, Jésus, Mahomet – venez dire bonjour aux prophètes de l'humour.* »

Face aux boucs

Sur les réseaux qui se veulent sociaux, des sombres idiots défient les voix de la lumière et leurs commentaires ne partagent aucune vue de l'esprit.

Nous ne saurions passer sous silence ces aboiements, mais il est des débats auxquels on ne peut qu'opposer le sabbat.

Et la gazelle qui met du soleil sous la tour Eiffel en vient ainsi tristement à rester dans l'ombre.

Non ! Olivia, ne choisissez pas de vous taire ; envoyez plus que jamais une bouteille à l'amer.

Aile gauche

Si l'enveloppe sur la balance accuse le poids du chagrin j'ai toujours dans le cœur une antilope qui s'élance.

Le feu sacré

Il suffit de deux moitiés pour faire un monde entier, mais il peut suffire d'un monde entier pour ne pas faire la guerre à moitié.

En Ukraine ou en Syrie, les amoureux à la peine poussent encore ce cri :

déposez les armes de l'envers,
comme le commande à l'endroit Prévert.

Le bien du pays

L'heure est venue pour beaucoup de faire une croix sur la montagne.

Mais il est donné à d'autres dont nous sommes de ne pas montrer roue noire au péage.

Et nous travaillons d'autant moins du bonnet d'âne que nous n'avons pas attendu les vacances pour tout connaître de nos paysages.

Alors, aussi sûr que le vignoble d'Apremont est bigrement bon (même si les Abymes conviennent mieux pour mettre la fondue à la cime), nous pouvons être en colère à la vue de l'éolienne qui ne laisse pas en paix les narines de l'ours du Granier.

D'un extrême à l'autre *

Thibault n'en pouvait plus d'être à Myans assigné au petit bain des sentiments.

Sa petite entreprise de vente en ligne attendait un signe ; et Meravell surfa so well.

Il aura suffi d'une jolie vague des Philippines pour que l'écume du dernier jour se noie dans le grand bain de l'amour.

Twist again

Richard Cœur de chanson a entendu le coup de sifflet du chef de gare au bout du quai.

L'idée de croiser Nico, le fils du poinçonneur des Lilas, ne lui pose aucun contrôle. Son aller est trop simple pour être composté.

Le train qu'il emprunte pour l'autre monde roule sans le frein qui nous gronde.

Une scène sans ménage

Des stars de relâche ou sans parapluie de Dunkerque montent les marches sous le regard complaisant des critiques de films.

Mais il suffit d'un visage en haut de l'affiche pour mettre bas tous ceux qui trichent avec le cinéma.

Dès qu'elle apparaît à l'écran, Ingrid Bergman me tire les larmes du cœur.

Et, depuis le 30 juin 1990 de sinistre silence à Chambéry, c'est bien fait pour moi si sa petite sœur jumelle sonne le glas d'un amour immense.

Au quart de siècle

Sous le passage qui relie la rue Croix-d'Or à la place de la Métropole, un homme prend le sang d'écrire sur un mur :

« *Petit ange blond, je t'en prie, repasse par ma vie et parlons.* »

Mais la dernière goutte a fait déborder son corps ; il s'écroule et la foule le tient pour mort.

Une femme fend l'armure, elle reconnaît à la seconde le murmure de l'amour ; il ferme l'adieu, certain que le bon Dieu les unira dans l'autre monde.

Mais qui sont ces gens ?

En salle de récréation, chacun se veut maître de son parcours. Il ne peut rien arriver de meilleur à qui ne suit pas mes cours.

C'est assez dire que le ressort de l'un connaît la mort dans le sourire de l'autre.

L'année s'achève et ne lâche aucune proie au rêve.

Nous avons obtenu le résultat parfait : résoudre une équation à plusieurs inconnus.

Jeunes après l'âge

Le temps où il y avait 57 bougies à souffler n'est plus. « *Dormez-vous Pascal?* », interroge même d'Ormesson, qui ne déroge pas à la leçon.

L'un et l'autre, nous avons plus de souvenirs que si nous étions bien connus de Chateaubriand.

Impossible d'ensevelir les châteaux de sable qui ne prennent plus la parole à table. La vie est une scène qui vaut la peine d'être retenue.

Le temps où il y a 90 bougies à souffler vient de jeter l'ancre sur le gâteau. « *Dormez-vous d'Ormesson ?* », interroge tout de même Pascal, qui déroge à la lassitude de la résurrection.

Du potentiel

J'ai lu beaucoup de livres et je pense aux adolescents qui manquent parfois de mots pour les vivre pleinement.

Dans huit jours à peine, il leur sera pourtant demandé de puiser dans le texte les réponses qu'ils sont censés ne plus ignorer aux bouées de l'apprentissage.

Comme je les aime vraiment (d'un amour désespéré, diront les méchants), j'invite chacun d'eux et chacune d'elles à plonger l'inquiétude dans cet extrait, traduit par Ibarra, de l'*Obra Poetica* de Jorge Luis Borges, que grand petit frère Philippe m'a offert pour mon anniversaire :

« *Qu'on me laisse sans crainte au bord des fleurs obscures : Il est des nuits que je déchiffrerai toujours.* »

Janis, mon amour

En rentrant de la scène ouverte à Chambéry, j'ai vu une étoile me sourire de sa fenêtre.

Au crépuscule des sixties, j'étais jeune depuis assez longtemps pour connaître l'émoi, pendu au cou de sa voix.

Et j'imagine sans mal que le bon Dieu se veut, pour les siècles des siècles, le premier apôtre de son récital.

Promotion 2011

L'inspecteur en manteau de lapin pousse la porte du clapier de Novalaise. Il est attendu de pied ferme par une bande de forts en thèse.

Ici, nul ne peut être pris pour un lapin de six semaines. Même les lapereaux ont du métier au bas de l'ouvrage.

Reste que l'inspecteur a une autre échelle de valeurs. Aussi sec, il anticipe sur la chasse au cours qui émancipe :

« *C'est inconcevable de cultiver une rose sans épines ! À quoi tient cette tige ?* »

En bout de table un lapin rouge, qui n'a jamais eu besoin d'une carotte pour ouvrir son clapet, lui répond avec du persil :

« *Au cœur de cible, madame Lequien, tu piges ?* »

Mais voici l'heur(e) du banquet. Clapier de fin. L'inspecteur, qui est devenu au rapport un lapin de trois semaines, sort de sa peau de chagrin le ticket de quai pour Saint-Laurent-du-Pont.

Plutôt pour

Quand une personne vous quitte, j'ai le sentiment qu'il faut faire pencher la balance du jugement vers ce qui l'acquitte, d'autant que Dostoïevski rappelle à la barre :

« Chacun de nous est responsable de tout devant tous. »

C'est pourquoi je saluerai ici le départ de Charles Pasqua, résistant de la première heure et, sur le front de la lutte contre une autre barbarie, auteur de cette phrase :

« Il faut terroriser les terroristes. »

La rupture continue

En ligne, Hélène, Marie, Sophie m'ont fait signe. Une rencontre, je ne devrais pas être contre.

Néant plus, ce que je pense n'est pas digne d'une danse.

La femme moderne fixe tant le cadre du sentiment que l'homme laisse à la caverne toute envie d'ouvrir la fenêtre de l'engagement.

Vent porteur

Dans la cour de l'école à Saint-Cassin, il n'y a plus personne pour ramasser les larmes à la pelle des examens.

Les moineaux dont nous attendrons davantage, autrement nid, une mention à l'image de la civilisation, se sont envolés pour le col du Granier.

Comme l'écureuil, qui en avait assez d'être plus grillé que ses noisettes, ils apprennent le souffle des arbres par cœur.

Dans deux mois, la récitation des vacances sera pleine d'innocence.

Naître de change

      Il marche à notre rencontre et l'ombre s'arrête.

      Faire montre d'un tel enchantement ne saurait être l'apanage du politique : il ne trompe pas la mort.

      Il marche à notre rencontre et l'ombre s'arrête.

      Faire montre d'un tel enchantement relève exclusivement de l'amour : il efface la dette que nos nuits traînent au petit jour.

Vive le petit mec libre !

L'aéroport de Lyon Saint-Exupéry déroule ce samedi matin le tapis volant pour le petit prince que nous aimons depuis bientôt sept ans.

Trois mois à Montréal, c'est le contrat qu'il doit remplir pour que la réussite en ingénierie informatique de sa maman Nathalie soit totale.

Il trouvera le temps d'aller à l'école du Québec et nul doute que son retour en France aura pris l'accent des mots de là-bas...

En attendant, comme son papa Philippe, je me sens patraque face au tarmac.

Samuel déploie ses ailes, mais loin de lui nous deviendrons des Terriens sans zèle.

Sérénade sauvage

Le problème avec l'être humain c'est qu'il attend trop souvent une confirmation de lui-même pour faire cette déclaration : « *Je t'aime.* »

À ce compte-là, je ne suis pas en reste. *Adieu*, voilà pour moi le seul mot honnête.

Dix copains qui reviennent *

Couillu, le patron du « Caribou », connaît sûrement un *champagné*. La *poudrerie* n'atteint plus le seuil de sa porte et le ciel oublie de *dracher* sur les feuilles mortes.

Il faut se souvenir aussi que des larmes de joie n'ont jamais eu de peine à se répandre à l'intérieur. On n'y voit goutte et la *lumerotte* laisse dans son coin le dernier *chafouin*.

Au comptoir, tout le monde fait risette, entre mousse et *ristrette*. On rivalise d'histoires, à dormir debout comme le *dépanneur* du quartier.

Le *tap-tap* de Vancouver attendra. Il suffit d'être *vigousse* et *fada* avec ses frères pour ne plus tarder à se sentir chez soi.

Ligne blanche *

En petit pull marine, les Girondins de Bordeaux ont bien failli réduire au fond de la piscine l'équipe de Saint-Étienne qui n'avait presque rien pour séduire.

Montagnard au comble du plaisir ignare, je suis remonté en voiture, sans Clio à la place du more.

Comme un feu rouge n'arrive jamais seul, une panne d'essence a lié connaissance. Sur la bande d'arrêt d'urgence, j'ai dû me résoudre à faire des appels de bidon...

Miracle de la civilisation, une décapotable joue du clignotant au creux de la nuit.

Le soleil de minuit se lève de son siège pour ce cœur sans fil conducteur que le sort assiège.

Mon Dieu – c'est Émilie ! Ma vie renonce à l'ornière et je cours vers le plein d'amour.

Carnet de notes

Inversion des pôles

Chaque année, la semaine de la langue française et de la francophonie nous propose une attraction : oser une poésie sur la piste de plusieurs pays…En sixième, on entend déjà les applaudissements : Salvatore a dix mots !

L'envoi sur la touche

Monsieur Jean Porcherot, un fameux conteur venu de Saint-Étienne, a le don de transmettre plus d'une fenêtre humaine.

D'un extrême à l'autre

Le fils de Jean-Yves, le « vieux frère » de l'Université de Savoie, se marie à son tour et je plaide « célibataire »…

Dix copains qui reviennent

La maîtrise de la langue ne déclare aucune frontière. Descendu à l'aéroport de Montréal, mon neveu Samuel entend déjà monter l'accent qui n'a rien de grave.

Ligne blanche

Il aura fallu deux ans à mon cœur pour réaliser qu'une jeune femme lettrée l'avait embrasé ; je donnerais toute ma jeunesse pour que ce rappel connaisse l'incendie éternel.

Jalons

Né de Jacqueline et Stéphane le 16 juin 1957 à Paris (17ème), Pascal est aussitôt devenu supporter de l'Association Sportive de Saint-Étienne.

Avec son frère Philippe et bien des copains, il a incarné pendant des années (1973-1981) toute la beauté morale qu'Albert Camus concédait au football.

Cela ne l'a pas empêché de prendre une licence en droit à l'Université de Savoie.

Sur le tard, la balance de son existence a penché pour le CAPES de documentation.

Jeune depuis plus longtemps que ses élèves, il n'oublie jamais d'indexer le vélo à l'eau du mont Blanc.

*21 août 2015 - amnésie de l'école
au col des Saisies*

Au clavier sans « souris »,
entre l'automne et l'été,
dans *« une petite ville au monde*
où l'on goûte la douceur de la vie ».

Éditeur : BoD – Books on Demand,
12/14 rond-point des Champs-Élysées,
75008 Paris, France

Impression : BoD – Books on Demand,
Norderstedt, Allemagne

ISBN :978-2-322-04007-0
Dépôt légal: août 2015